Iz zaboravljenog sveta u večnost

Pesme: Beren Maximus

Ilustracije:
Inés de Castro
Ted Nasmith
Dalibor Zlatkovic

Garnet Star Publishing

Slika na koricama - Tinuvijel ponovo rođena - Ted Nasmith

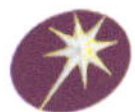

First edition 2012 by Schiel & Denver Publishing Ltd.
Second edition 2014 by Garnet Star Publising, Boston
Revised and enhanced

ISBN 978-0-9907504-3-7 (sc Srpski)
ISBN 978-0-9907504-0-6 (sc engleski jezik)

Library of Congress Control Number: 2014949461

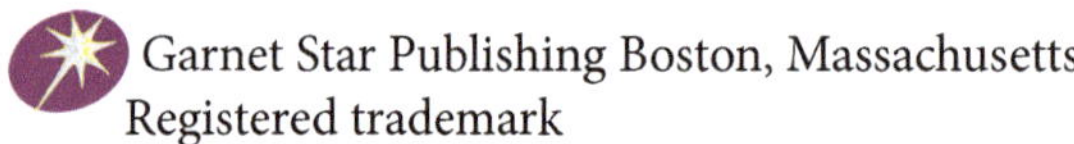
Garnet Star Publishing Boston, Massachusetts
Registered trademark

Printed in the United States of America

Pohvale o knjizi
Iz zaboravljenog sveta u večnost

Miloradova poezija je jasan proizvod talentovanog pisca koji ume sa rečima i koji je duboko duhovna i duša puna estetike. Njegove reči te vode u područje velike lepote i čarolije koja smiruje, ipak ne bez tuge i vrlo preciznog osećaja iste. On nudi utočište opterećenim čitaocima današnjice, koji nose na svojim plećima današnji svet i njegov stres i svakodnevne probleme, ne tako daleke, maštovitim prostorima Srednje-Zemlje koje tako puno nas jako voli da poseti u našim umovima. Njegove meditacije i razmišljanja o Ljubavi posebno, podsećaju nas na velikog Rumija. —*Ted Nasmith*

Ova knjiga je prelepa. Stihovi su me dotakli i ilustracije su izvan ovog sveta. Podseća me na Kalil Gibrana. —*J. Goddard, U.K.*

Autor ima jako lep dar koji deli bez ikakvog pretvaranja- čist je i dobar, pravo iz srca! Veoma smirujuće pak, nešto što podstiče na razmišljanje. —*Marilyn M.*

Veoma ljupko! i slike takođe...Tinuvjela je jedna veoma srećna devojka!—*Jenetta C.*

"Ako samo mogu da ostavim malo sebe – najbolje od sebe, kao maleno seme koje će rasti bogato i doneti blagoslove Ljubavi. Kada dođe vreme, kada ću biti daleko iz ovog oblika telesnog, moje će molitve biti uslišene"

— *Inés de Castro*

Sadržaj

Predgovor

Dođe tako vreme kada ti duša pošalje signal buđenja.

Veoma često je tih i nežan skoro nečujan i vrlo često zanemaren.

Ali kad ga čujes,osetiš i skroz prihvatiš – onda se desi čudo!

Čudo tebe.

Nekada davno u dobu davno zaboravljenom je postojao svet gde su svetlo i tama krojile svoje priče među ljudima.

Iz tog sveta vam donosim sećanja, patnje, radost, tugu ali pre svega – Ljubav.

Ljubav- tu moć večnog života i promene.

I evo je sad iz tog davno zaboravljenog sveta- u večnost!

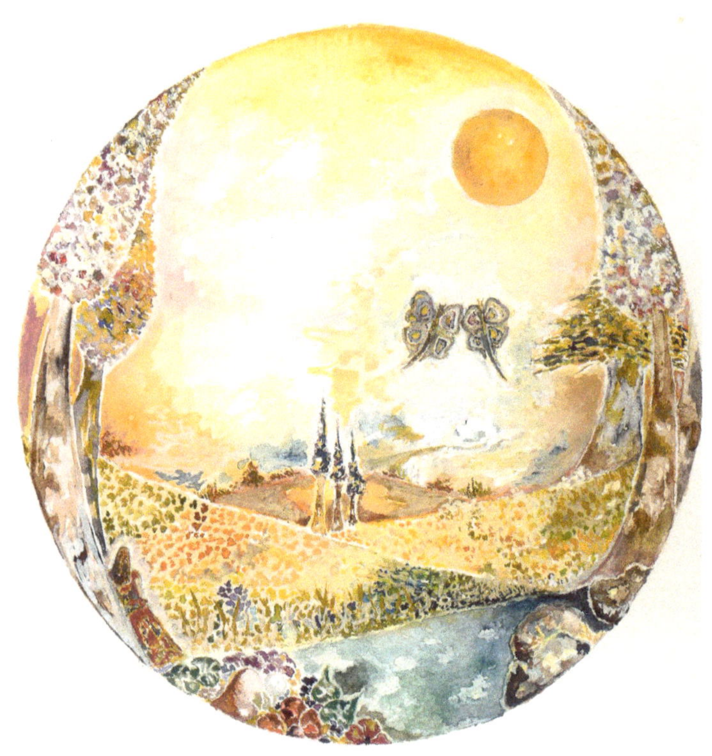

Inés de Castro

Drevni mornari

Mi plovimo kroz život ovaj
na talasima mora…

Mora Ljubavi i Mržnje
što ih ne razumemo.

Ričući gromovi u tamnim noćima
i teški velovi kiše…

Kad ponovo stope naše osete tlo pod njima,
Tada ćemo zahvaliti nebesima.

I stoga- mi plovimo…

Naš dom

Naš dom je gde izvire lepota.
Cveće je svuda…
Mirisi mame osmehe,
svaki put!
Al više u svom domu nismo…
Mi odvedeni bismo,
daleko, daleko u mesta bez imena.

Ispunjen beše naš dom
Slavuja pesmom
i nebeskom harfom
a put naš sad je pun buke i bola
što ubija srca tiho.

Mi živet` ne možemo na mestu gde svezani jesmo!
Gde duše nam tiho plaču,
Mi tu ne pripadamo.
U večnosti rođeni što ukradena beše
Čini nam da umiremo.

Mi duboko voljeni jesmo
Al’ u laž odvučen i ubeđen naš svet
Mesto ruža i ljiljana
Nama osta strave krevet.

Oh kako žudim za domom večnime
Napravljen nije od drveta il` stene…
Oh kako trebam prijatelje videt` ponovo!
Duše lepote iznad svih reči- ponovo!
Gde si mi sada Tinuvjela moja?
Dal rosa ti jutrom nosi poljupce moje
Pre neg` Sunce sjajno iziđe?

Oh kako žudim za domom…

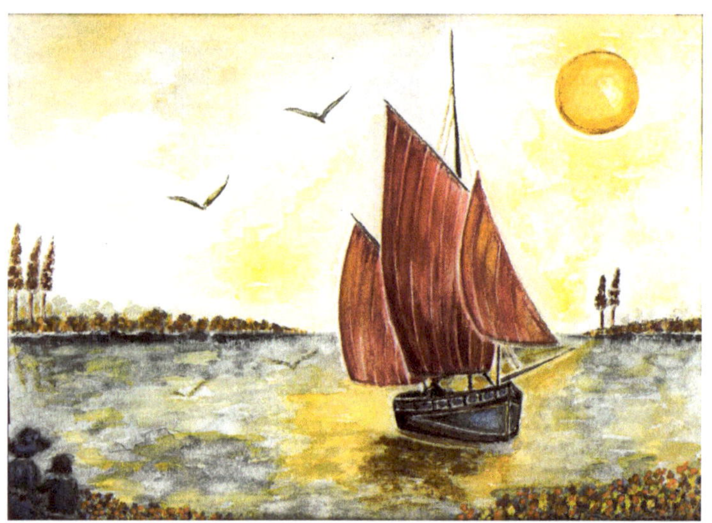

Inés de Castro

Sećanje na lepotu

Letnji vetrić stvoren beše
Da gladi ti ruke i dlan levi
Gde držaše Ružu za me…

I Breze pevaju u sećanju na te
Moćno se njišući, lako prateći
Tvoje stope utisnute
U Etru i istini.

Tvoje kose bi vetar zapalile
Dok igraše sama iza bledog drveća
U šumama starine,

Gde videh te prvi put

Gde mi se uvek srce vrati tu,
Da peva pesmu i pleše igru svetu
Naše ljubavi i istine svu…

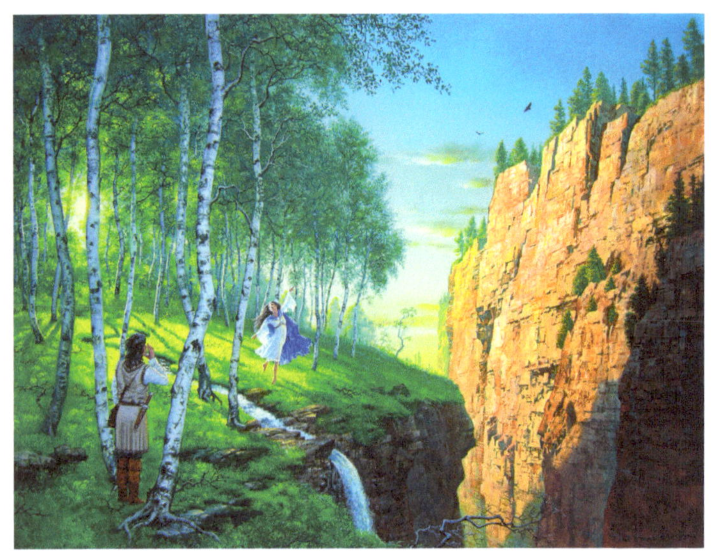

Tinuvijel ponovo rođena - Ted Nasmith

Negde u vremenu

Videh ti ruke i osetih usne
Videh svetlo u očima tvojim
Negde u vremenu – ja postojim.

Gledam duboko u dragulja dva
I stojim sam na ivici sveta
I straha nemam ja.

Osetih ti reči u sebi
Sjajni energije talasi
Kojima plivam.

Sada,
Ako i postoji nešto kao SADA
Vraćam se tebi i ime ti dozivam
U šumama svemira

O Lutijena
O Tinuvjela!

Božja deca

Sjajno svetlo novoga jutra
Me budi i podiže oči.

I zvuci ptica koje pevaju.

Boje dana su ljubičasta i zlatna
Sjedinjene u rosi čine savršen uzor;

Jedinstva živih.

Ja bejah sam il` tako mišljah.
Ispružen preko mahovine i cveća
Ulazim tiho u um svoj
I plovim na zraku Ljubavi svetla.

I onda te videh,
I čuh Božanski glas ti,
I onda te poljubih
Jer ti si moj izbor večni.

Tinuvjela, dušo jedina
Živa lepoto na Zemlji sad
I svemirom svuda
 gde nežno stopa ti sta.

Ah! Blagosloveno neka svetlo je novo!
I Ljubav što sve prekriva, zauvek sjajna međ čudima bajna
Što otkriše našu dušu i srce
Kao iskreno voljene Božje dece .

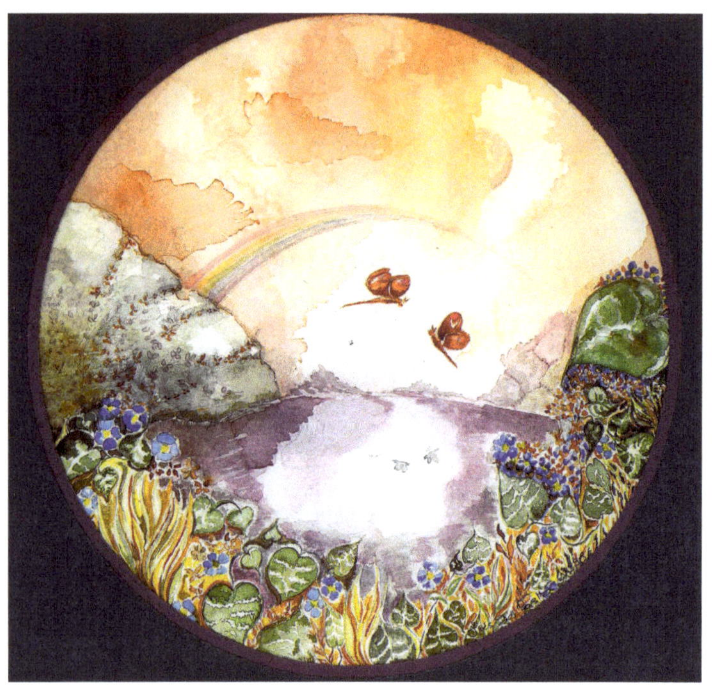

Inés de Castro

Nebesa zovu

Nebesa pevaju
Ona nas zovu
Čekajući nas da budemo jedno
Da budemo Ljubav.

Kad sam bejah u gorčini noći
Mislit` nisam mogao
Nit usudit` se nadi

Al` sve dalje bih išao ja!
S` mišlju što zaslepi
I srcem teškim
U tamu i jame sad,

zauvek odvojen od svetla.

I kad sve izgubljeno beše
Ja svetlo videh kako pleše!
I što bi okupano u tami sve
Bez traga na prečac nestade!

Videh ti igru
Čuh ti pesmu
I cveće oko stopala tvojih
Što njiše se meko i u ljubavi postoji.

I tu sam video i znao,
Pre vremena i što jeste svega
Pre neg duše se uskomešaše
Gde stojimo iznad sveta.

Srce ti do moga
I moje do tvoga
I duše nam kao jedno
Zauvek …večno.

Nebesa pevaju
Ona nas zovu
Čekajuci nas da budemo jedno
Da budemo Ljubav.

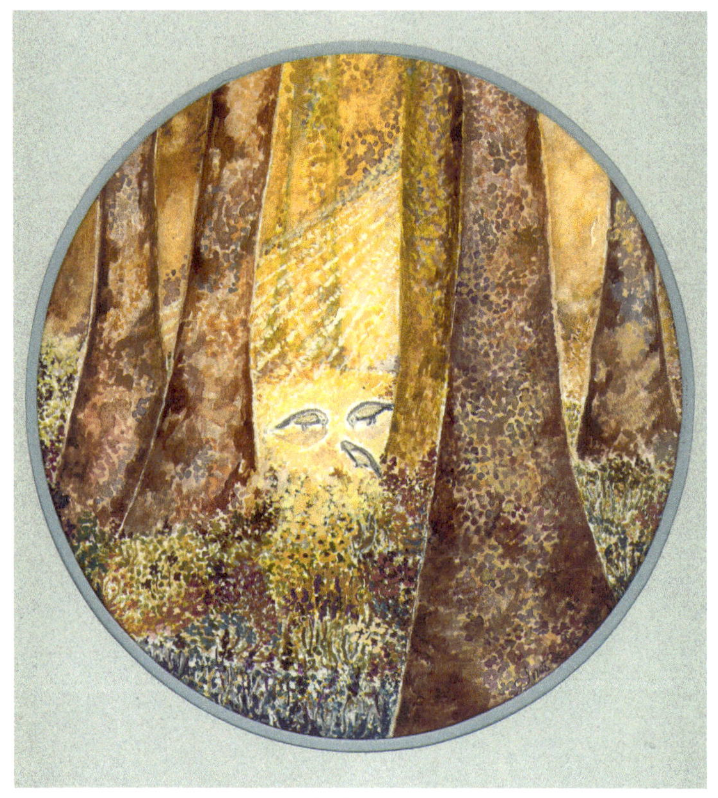

Inés de Castro

Svetionik života

Tama se prikrade,
Noseći plašt Ljubavi, zelenog i zore.

I srca se uzburkaše jer ona osećaše
Opasnost neznanu što je prava.

Svetlo na nj` baci
I borbu vodi!

Voli ih---dok ne umru sada!

Jer ima sila koju ne mogu podneti
I moć koja ih k'o strah zaslepi sva,

Ljubav ,taj svetionik života.

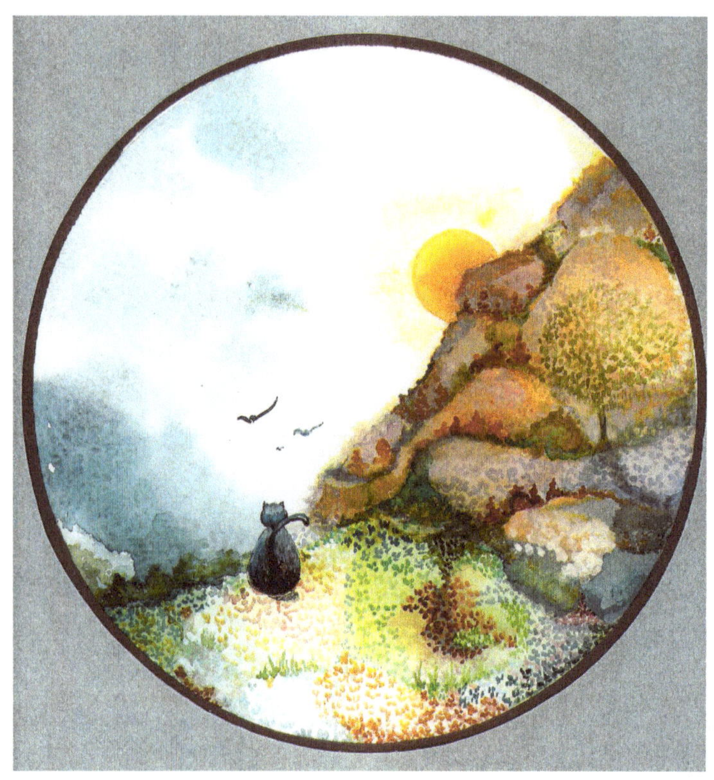

*I*nés de Castro

Otac voli

Izađi van vremena i oseti se pravo.
Pojuri vetrove misli i oseti se lepo.
I tada kad zatvoriš oči
Kad odlutaš sa nadom svom
Ti vrati se Ljubavi obojenom zlatom.

Ne boj se jer kraj je tu!
Privida što cepa pravedna srca
Al` čak i ovaj čas plamena donosi slavu
Za večni tren- Ljubav pravu.

Utihnimo sada jer reči su teške
I pridruži mi se u letu sa Zvezdama
Idemo visoko i letimo daleko
Da bismo došli u dom svoj, u naša srca.

Nas Otac čeka i voli sve.
Zato što je Ljubav za vek i uvek!
I hajde, budimo sada!
Uputimo hvalu mi
Za nas, za sve- svi
Jer Otac nas voli.

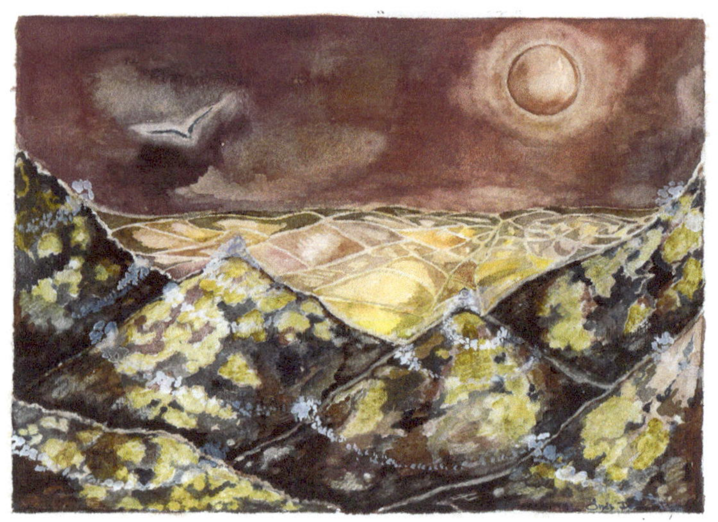

Inés de Castro

Hodimo zajedno

Hodimo zajedno
Hajde sad` - sutra je prekasno!

Budimo ovde deleći svetlo.

Hodimo zajedno jer moć je ovde sva,
Kao jedno- mi jesmo Ljubav!

Hodimo zajedno i kupajmo se u svetlosti
Odbacimo tamu i njene prljavosti.

Ali jedna stvar se uraditi mora
Svi- bez izgovora!

I bližnjem kog tvoje reči posekoše tad
Daj malo ljubavi, zasijaj svetla!

Hodimo zajedno i nemoj reći -ne!
Jer znaj da sutra prekasno je.

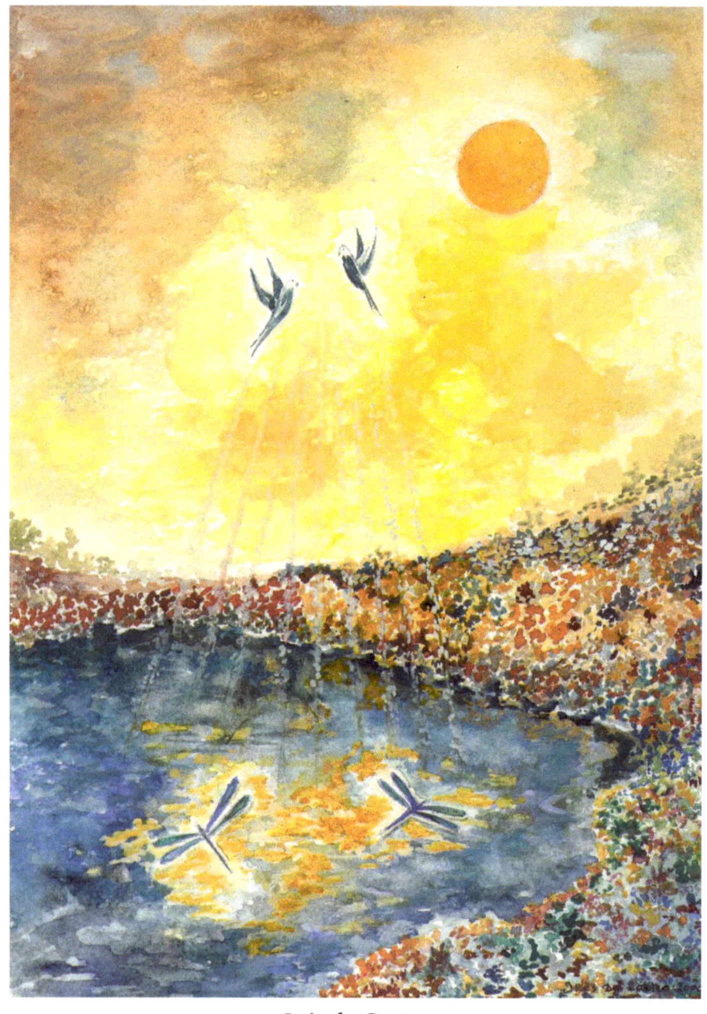

Inés de Castro

Gde mi je duša slobodna

Hoću da letim beskrajem nebesa
Ovde il` onde gde god poželim.
I radost da osetim posle beskrajnih pokušaja
Kroz zore i sumrake koje golicam ja…

Koje golicam da vidim sad
Ispod drveta svakog šta se dešava
Kad kiše i magle donesu života
I cveće ga radosno uzme iskočivši tad.

Hocu da vidim vodopade slave na malenoj reci
I jabuke zlatne na drvetu srebra
Prelepe boje Božanske duge
Iznad zemlje gde je duša mi slobodna.

Ljiljani

Jedna je reka lagano tekla u tišini
U dolini gde boj će biti.

Vidim Ljiljane i travu zelenu
Igraju na vetru…
Sunce im osmeh mami- sijaju!

…I vidim ih u glibu, al` samo na tren!
Gde slavni će konji stati i glas što para sve!

Ljiljani mi maze dušu sad…
I bude misli što blede,
Slike i mirise života, smeha i one koju volim,

Za koju dišem…

…Trube i nebo crveno!

Prsti klize preko latica,
Vitez je kleknuo i pričao Ljiljanima.
I niko ne ču reči te, no ih zna pravo srce.
Oh srce pravo- dal` čujes reči te?

“Voljena, ja idem da poginem ovde,
Gde mi odmor biće sladak, ovde među Ljiljanima.
I idem moja draga zbog pravde i istine
Što u ovom svetu pada...
Za plač nevinih i tugu duša...O voljena.

“I znam da boj se videt` neće očima
Al` teži je on od svega pod nebesima.
Idem sad voljena...
Sačuvaj jednu suzu za me
Al` ne od tuge, već radosti same!
Jer vitez tvoj mač svetla podiže
Za novi dan i nove sne!

“I zato idem da poginem ovde
Na ovom polju smrti i života i
Ljiljana...
I ako je voljan dobri Bog,
Ja videću te ponovo jedina.
Zbogom.”

Videh tihu reku i dolinu zelenu i ratnike svetla
Kako jašu slavne konje svi.
I onda ugledah vojsku noći i čuh joj hor.
O kako je crna...
Okruži ona pravednih zbor.

I zanjišta konjic i ratnikov mač sevnu u vis!

Hej, hej hej!

Tlo se trese i zemlja plače, plače, plače…

Hej, hej, hej!

Vatreni plam i bes u očima vitezova sija jače!

Hej, hej, hej!

Konj se prope i stotina pade pod njim!

Hej!

Svuda je samo prašina i dim.

Hej!

Mač je visoko!

Hej!

Glave vojske noći padaju desno i levo
Dok put se pravi kroz tela palih
Rukama ratnika svetlosti pravih!

Visoko u vazduhu jedna pesma se ču:

“Braćo moja ne stajmo sad!”
Peva vitez na slavnom konju.
“Makar ih bezbroj bilo u ovome
Sudnjem času!”

“ Za istinu- sve!
Nek Ljubav prevagne!”

Gromko- HEJ!

Za pravednog Boga o braćo moja!
Neka se sruši svet zla!

Hej!

I videh dolinu tihu i mirnu gde poslednji beše boj.
Ugažena trava i nigde cveća
Lešinari kvare poslednji spokoj.

Al` tamo gde jahač beše stao
I tren pre bitke sa cvetom pričao,
Tu stoji cvet iznad daha smrti sam.
Gladi ga vetrić i zlatno Sunce.

Junaka više nema i slavnih konja svih,
I nema zla već samo propast i dim…

Al` taj je Ljiljan svedok jedini voljenoj ženi.
On reč joj čuva njenoga viteza.

Od oluje što rasturi sve sad
ga sačuva Bog njoj za ljubav.

I uze ga sa tla…
U oku jedna suza.
Da bi u njoj večna ljubav živela
Što čuvana beše za njenog viteza.

I u trenu dok razum je napuštaše tad`
Ona je stezala cvet na bolnim grudima.
I svetlo zasija kroz maglu sad!
I vide ih kako jašu k`njoj svi sad!
Brže i brže- likovi tih slavnih konja
I ratnika svetla kako streme ka njoj
Sijaju Suncem kao da ne beše boj.

I pomisli ona -nemoguće je to sve!
Al` nešto joj pogled skrene,
Na nebo i svetlo sad!

I ona vide svojim očima
Jedan osmeh u njenom bolu
Jer živote tih slave junaka što ih daše
Za pravdu i istinu
Dobri Bog nikad ne zaboravlja.

I onda videh polje i dolinu zlata!
I zelenu travu i mirne vode…
I osmeh Božji što sve dade!
I nju i njega i Ljiljane.
Blagoslovene u Ljubavi večnoj
U dane sve.

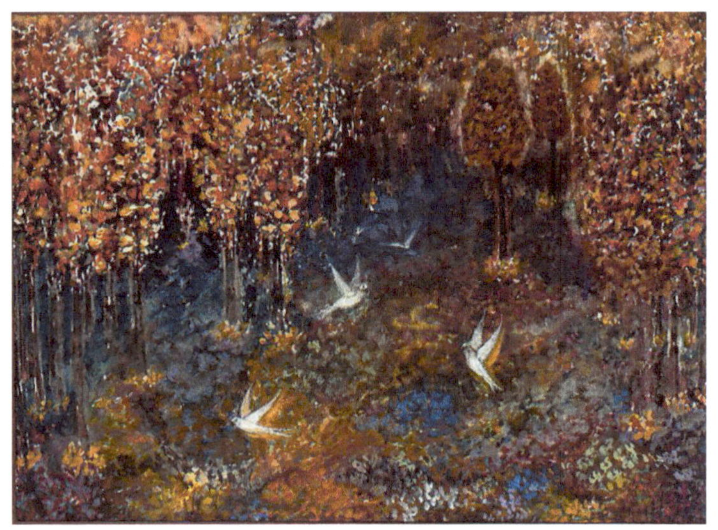

Inés de Castro

Lovac

Bliži se zadnji čas.
Buka oko nas i mržnja slepa.

Dim propasti leži svuda
I oči pune požuda
Bes i nasilje!

Ja uho svoje zatvaram za to!
Neću mu život udahnuti nit` dati izbor!

Jer odavno već mi mir odnesen beše
A sada se borim ja!

Oni me mržnjom gone
U gluvo doba noćno
A ja ih Ljubavlju gađam
Jer ne mogu podneti to!

I lud biću kao što čovek biti zna!
Stati neću dok ih ne oborim sad
Dok ih ne ulovim kao vukove zla
U pećini njihovoj punoj besa.

Uvek stazom njihovog traga
Ja biću proganjač – da!
Ja sijaću Ljubav
Sve više da se zna!

Režaće i u bolu zavijati tada
Al` ovo je čas moj i pobeda!

Oni pucaju tamom a ljubavlju ja!
Videćemo kome se pretilo paklom zla!

I stojim sam ali to nikad nisam!
Otac me Višnji voli i nadu da.

I pre neg pravedno jutro svane
Da zauvek tami skrati dane,

Svetlo Ljubav i Istina
Vodiće te znaj iznad svakog zla.

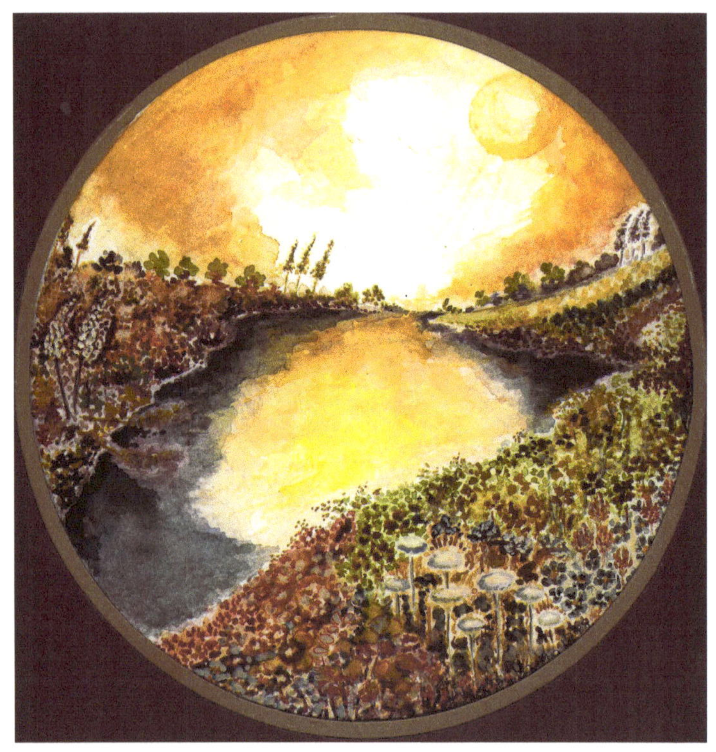

Inés de Castro

Seti se

Dani su kraći a misli sve veće
I ja sanjam na javi
O večnom proleću i Božjoj slavi.

Sećam se vremena kad lepota beše
...svuda oko nas u šumi belih Breza...
Gde je slavuja bila pesma.

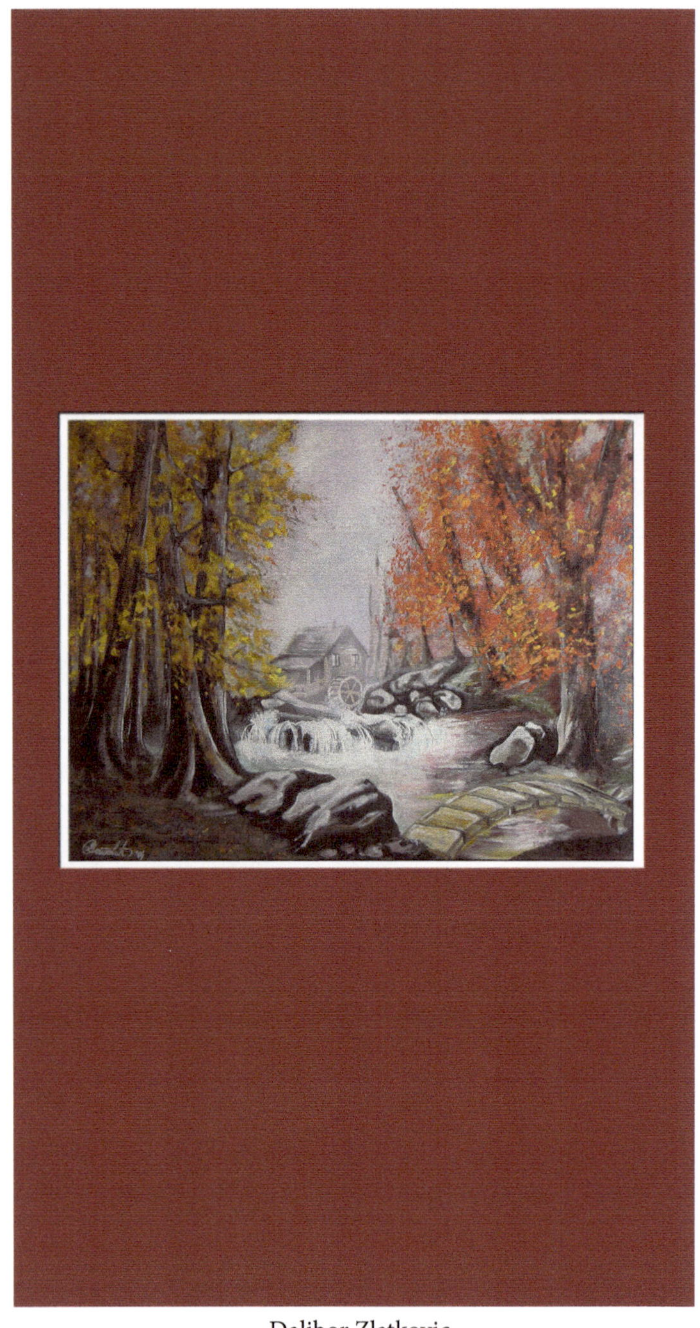

Dalibor Zlatkovic

Dolazim kući

Mnogo je milja pod stopama mojim
I hladnoga kamena, prašine što pokriva…

Mnogo je milja ispred mene još
I srebrnog drveća i ljubičastih cvetova…

Oh kako je tišina nekad` glasna
U tamnim časima mojega srca!

Ali sutra novo Sunce stiže
Još jedna milja daleko biće.

I slušam ptica pesmu sto hvali,
I nosi mi torbe pune Ljubavi…

Ostavljam za mnom juče i sivo.
I hodim ka slavom ovenčanom danu!

Ja dolazim kući.

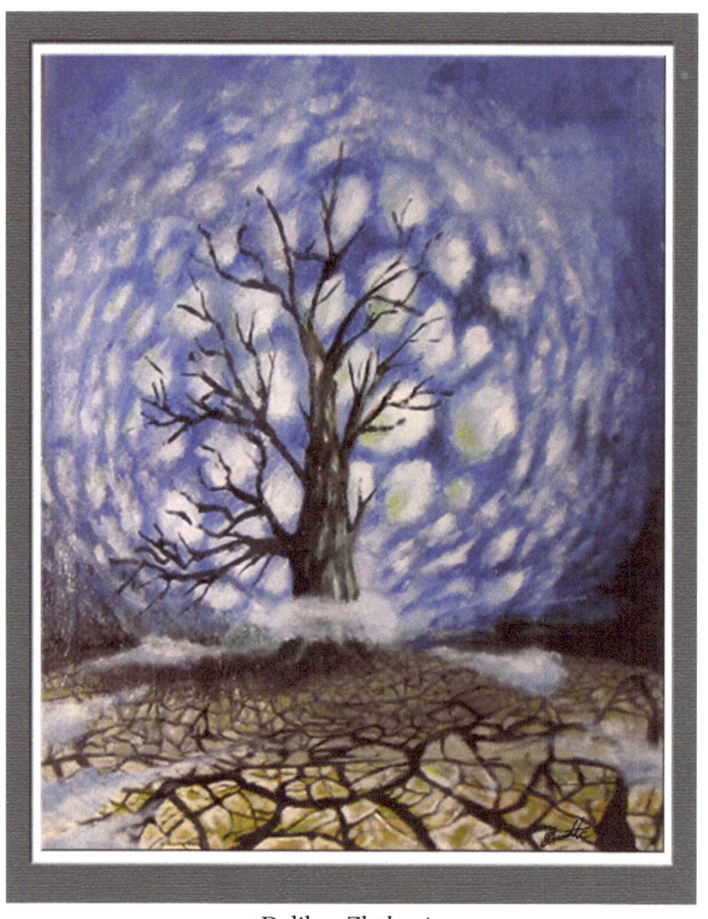

Dalibor Zlatkovic

Ljubav je Bog

Laka kao leptir i teška k'o svemir!
Nežna kao žena
I teška kao ledeni vetar.

Obrni je okreni,
I videćes ništa!
I čuti niti zvuka!

Probaj da je uhvatiš
Brzo da slomiš
Al` samo ćeš vazduh da osetiš ti.

Kada bi tvoje oči videti mogle
Kroz mutne misaone magle
Jasno kao dan!

Ako bi uši ti čuti mogle
Iznad zvukova rata
I iznad suza sad!

Ako bi mogli prsti da dodirnu
Njenu laku površinu
I ispod vrata sa katancima…

Unutra i izvan tebe,
Ona svuda je!
Ovde il` onde u tvojoj duši je!

I kroz mržnju ili sve-
Gde Ljubav je?

Dal je visoko u vazduhu,
Na nebu,
Duboko ispod polarne noći
Na vrhu maglenih planina
Ili u kazanu mračnih dubina
Gde li leži?
Gde li biva?

I tad… tren svetla
I talas što prekriva.

Život ti je na dohvatu ruke sav.
Ljubav je Bog i Bog je Ljubav.

Otvori srce i pusti je unutra
otvori ga sad jer je kasno sutra.
Jer neki žive da mrze samo
A drugi da umru slavno.
Živote uzimaju i nikad ne pitaju.

Za istinu - otvori dušu ti,
Jer nema sile do Ljubavi.

I onda kad pogledom upreš na nebo
Znaćeš zauvek samo to
Da Bog je Ljubav
I Ljubav je Bog.

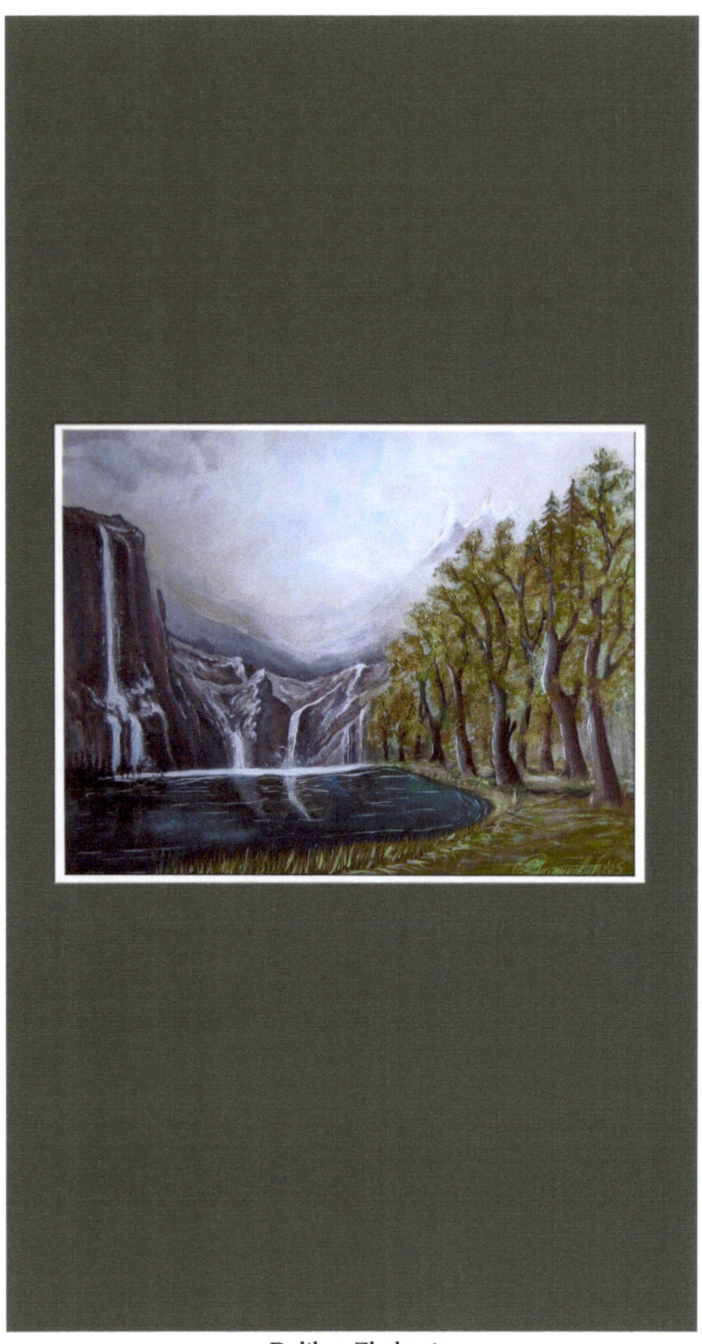

Dalibor Zlatkovic

Pesnik

Lako je reći rimu i stih,
I pesma lepa radosti je žar!
Al` otet nežnu od srca reč, ljubavi moja
Sa neba je dar.

Podignite mačeve

Podignimo mačeve u ovom boju sada
Jer smo na strani koja ce pobediti noć.
To mačevi su svetla istine i ljubavi
Kako gore tako i ispod.

I naš boj se golim očima videt` neće, nit će drugi
brinuti-ne!
Al` naš je cilj i srca bit - da usudimo se!

Usudit` se da živimo, usudiť se da volimo
I ko će onda protiv nas suludo?

I pogledom na nebo plavo
šaljem ti blagosov, mir i ljubav pravu.

Jahači oluje

Borim se sa ovom munjom
što gori mi ruke...

Hoćeš li pomoći stari prijatelju
Jer protiv groma sam ne mogu.

I još će prijatelja doći k` nama
Hodeć` putem njihovim ovim svetom

Jahaćemo oluju
Sa radošću svetom!

I gore nam ruke al` su topla srca
Jer svetlo širimo preko mračnog neba.

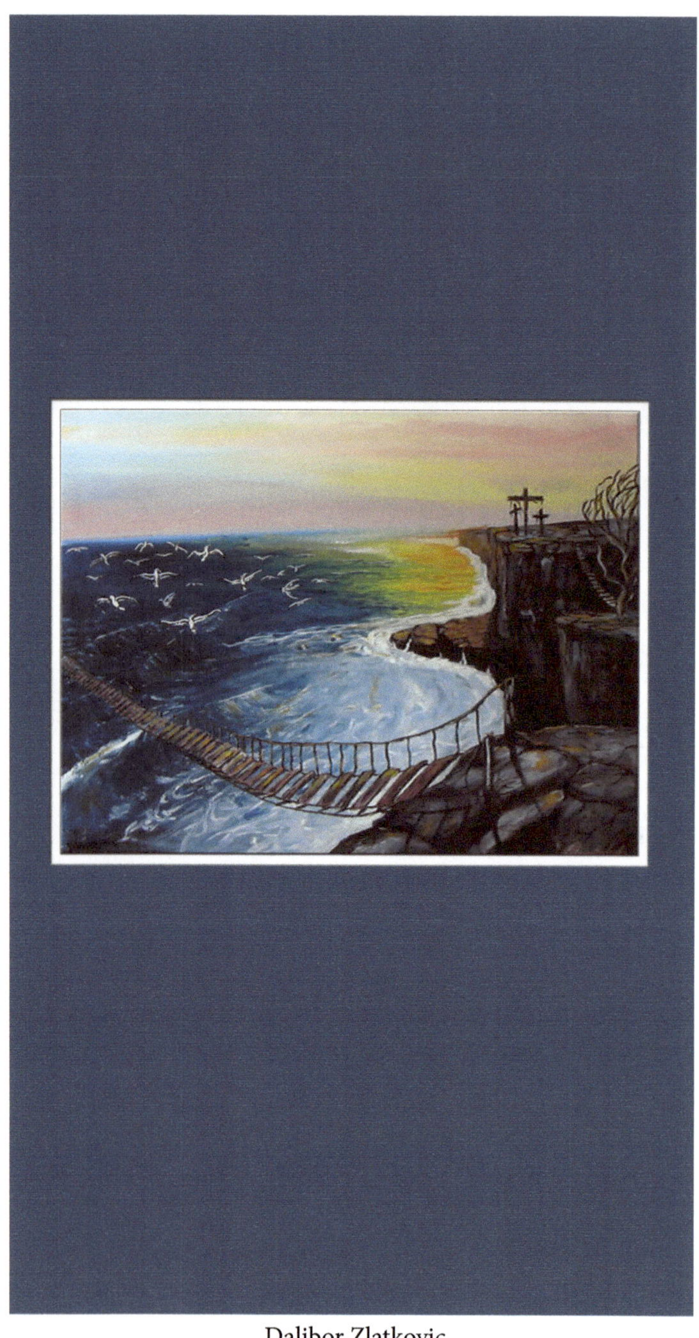

Dalibor Zlatkovic

Miris Božanskog

Za koga cveće procveta sve?
Zar ne za oko onog što posmatra to?

Za koga nosi miris i Božanske boje?
Za srce tvoje i moje.

Za koga Ljiljan mali grudi svoje otvara
Kad šampanj vlage nežno donese zora?

Minut je dovoljan a možda i dan
Da budes zanesen- večnost cela!

U predele nebesa
Našeg Oca igrališta sveta

I da shvatiš lepotu cveta jednog tad
Što za sve i nas stvoren beše sam.

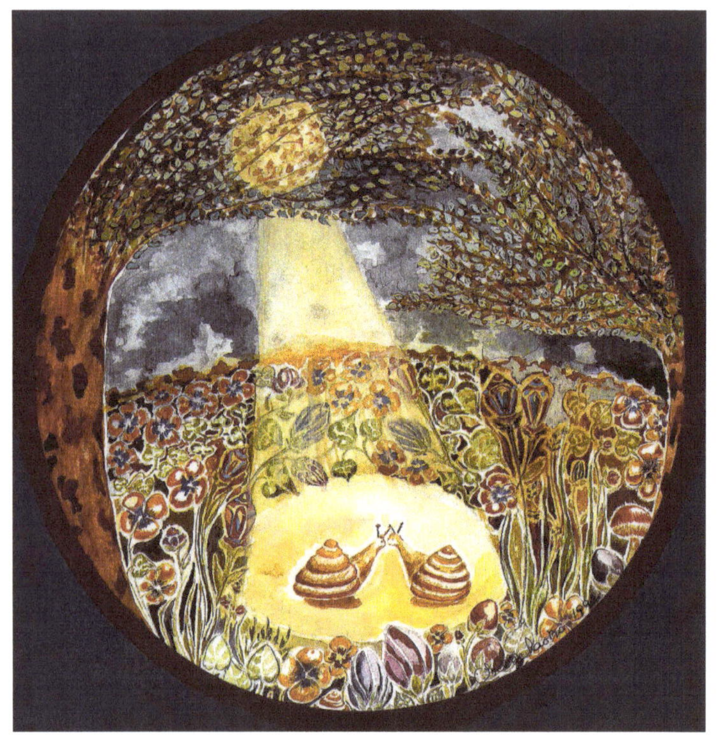

*I*nés de Castro

Posmatrač Zvezda

Minstreli pevaju glasno
Jer pobeđena svetlom je tama!

I novo doba sija jasno
Više nema roba već svetog čoveka sada.

Rečima se reć` ne može niti oko videti zna
Sve što nosi sada zrak svetla.
Ka našim srcima i našim dušama
U danu novoga sveta!

I više nisam posmatrač Zvezda
Jer ponovo živim san
Kroz duh ja jasno vidim Tvorca
U ovaj veličanstveni dan!

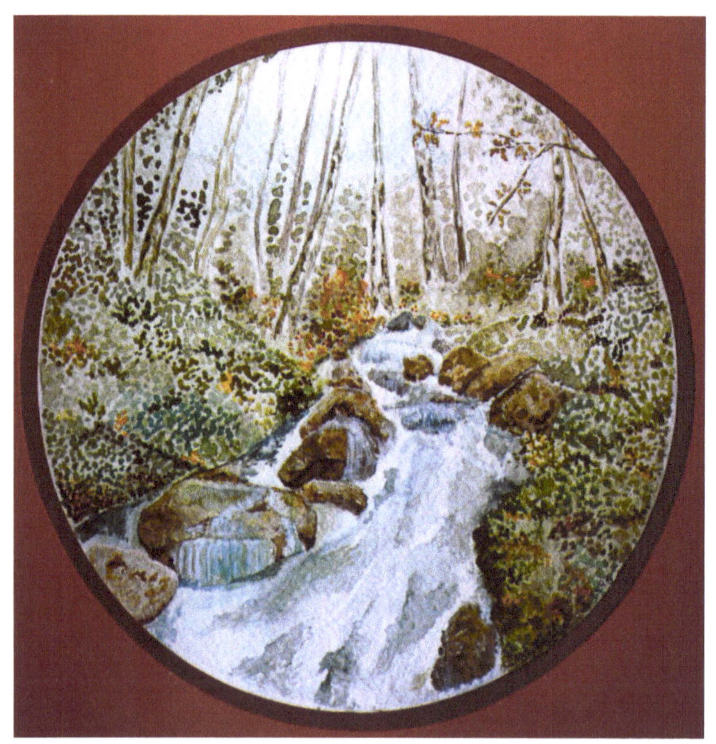

Inés de Castro

Reči nisu dovoljne

Nekada reči nisu dovoljne…
Nekada bih naslikao sliku i na sredi ništa ostavio.

I bio bih izgubljen u stvarnosti
Jer se ona ne da opisati…

I sve što jeste u jednu tačku stati može
A ona bi veća od Zemlje bila sva.

Ne mogu ti reći rečima…

I na moćnim vetrima plovio bih sa pticama
Da pogledom vidim sve
Odozgo na dole
I vidim mesto gde dvoje se vole
Gde rođeni jesmo
Nekada nas dvoje

I da ga Ljubavlju posvetim
Oh kako to želim.

I onda me san odnese u šume starine.
Tu mi oka dva videše šta je lepota.
Ja stadoh na proplanak
I strašan platih danak...
Tu mi srce večno osta.

Ona ga uze glasom nežnim i dušom svetom.
Kosa joj se povetarcem igrala a ona je pevala.

I tada bi cveće pomazila nežno
A ono je pratilo glavicama srećno
I dar joj dade ono sve
Miris Nebesa kao poklon.

Oh oka moja dva- nemojte me izdati sada!
Jer kroz vas večno želim gledat` ja
Ovu ženu zauvek sad`.

I tamni mi bejaše snovi
Puni tuge, teške boli.

Dok mi noga ne odluta
Do te šume i tog cveta

Zaboravit` ne mogu!

Lutjena - i dalje mi pesma tvoja u umu
Vodi me daleko, daleko ona
Na prelepo mesto svetog čuda
Gde ja večno živim Ljubav…

Sa tobom zauvek.

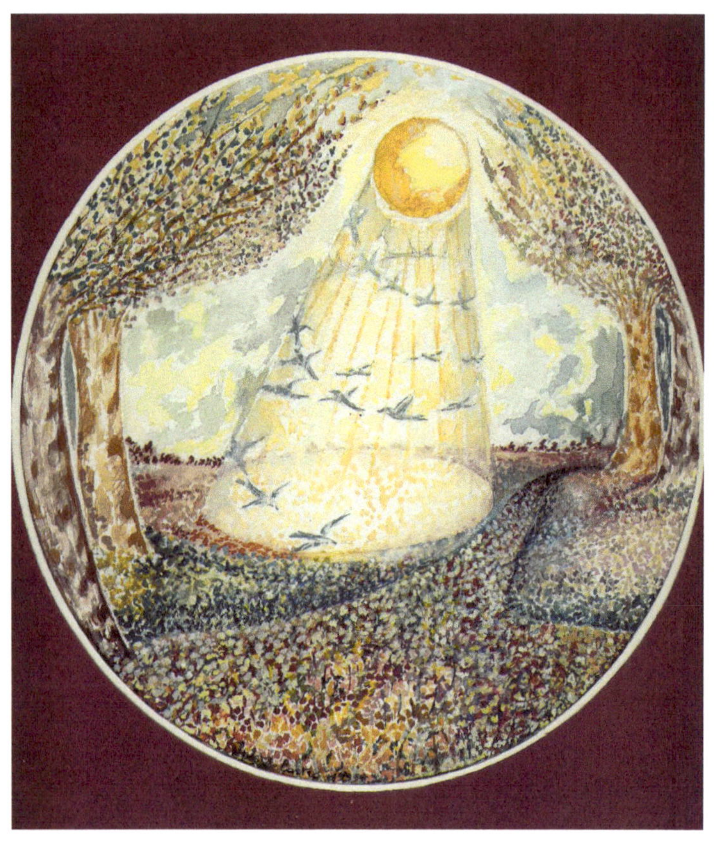

Inés de Castro

Sada i ovde

Sada i ovde sudba se kroji naša.
Ili u cvet ili u prah i niko slagati ne može.

I dan se valja dalje.
Nekada zlatna zora
A nekad i kiša olovna.

Al` pitanje uvek je isto
Dal` u Ljubavi ili u nečistom?
Jer uvek stvaramo mi
U svetoj Ljubavi ili slepoj mržnji.

Moj svet

Jašem vetar divlji
Čista radost
Adrenalin.

I uveče onda
Pijem čaj
Verujem i svemu se divim.

Svemu dobrom što živo je
Zelenim brdima
Belim Ljiljanima…

A onda noć!
Čudesa veličanstvenog neba!
Prosute svuda lepote
Zvezde, Zvezde!

Još jedan dan i ja sam
U čudu ponovo!
Stvari su stvorene od prijatelja
Nanovo!

Maleni zeleniš i bogate vode!
Crvene ruže
Čudesa nova!

I nema odeće moje
Go sad ležim
I nije me sramota.

Jer Lutjena bešu tu…
Krojeći za me odeću novu
O kako sjajna je!

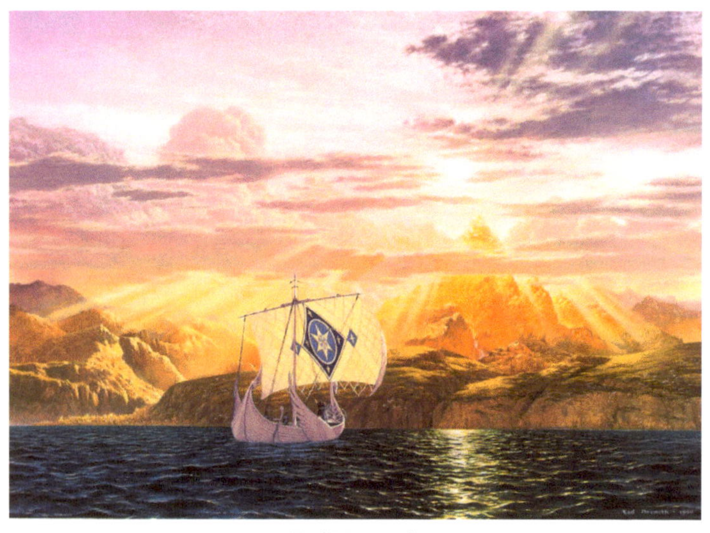

Ted Nasmith

Moj lepi Oče

Ja hoću da ti se zahvalim, moram.
Moj lepi Oče sada.

Za sav život koji osećam
Jer drugoga nema…

Nikoga većeg kome verujem
U veličanstvu svemira
U svim što postoje mislima
Ti tu si jer TI živiš.

Za svaki dah
I sve što radim
Za sve što osećam i stvaram
Žudim da kažem "Hvala".

I blagosiljam te
I volim te.

I tražim da odneseš mi blagoslov
Preko zemalja i preko svemira
Da bi duša svaka što svetlo oseća
Rasti mogla u svetosti mira.

Zato ti žudim zahvaliti
Moj dragi Oče na nebesima
Jer Ljubav je sve što postoji
I neka sija - večno sada.

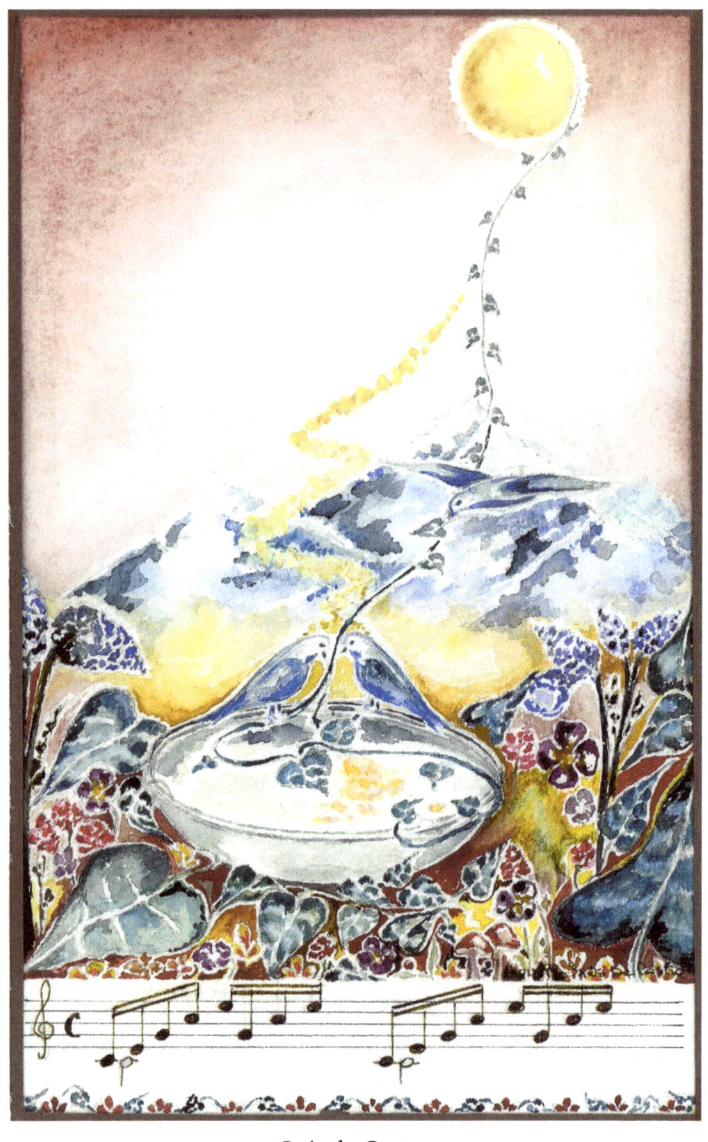

Inés de Castro

Pesma moći

Ja pevam pesmu moći
Od starina koje su nove
Od zaboravljenih potoka i divljih vrhova
I dolina što rosne nose zore.

O kako smo korakom hrabrim pravo na kapije sudbe!
Preko ravnica i divljih jezera
Oči u oči protiv noći duge

I stajali protiv vatrenih zmajeva!

Stajali hrabro i pevali jako!
Rugajuć` se strahu, otvorenom grobu.
Ljubav nam u jedrima
Nada nam u venama!

Pesmu moći sad pevam ja
Ljubav ce doći - zauvek sada!

Nikad se ne plaši

Hoću da budem svetlo
Ovde i sad.
Ja čuh iznutra glas…
Svetlo što slama tamu
I novom zorom donosi spas!

Jer želim ići domu.
Gde pripadam
Gde volim
I gde voljen sam.
Gde juče i sutra su sad!

I idem domu svom,
Al` pre no stopu na put stavim
Pre neg se srce raduje slici
Koju vidim i osećam…

Ja još uvek ovde sam.

I dižem mač svoj visoko
Skovan od čiste Božje reči
Stojim sam – gledam daleko
U masu bezumlja što mrači.

Nit pokreta ni pogleda od njih sad
Slepi su oni za sve što je od svetla
I tu leži sada moj plan
Da sijam i volim, da čuje se ton usklika!

Da pustim glase te
Koje odneće ispred sebe sve
Videći daleko kroz magle tamnih srca
Pevajuć` svetu odu svetla!

I kroz noć tamnu duše moje
Putovah široko, daleko sam
I videh svetove neznane
Kroz velike svemirske poljane
Večita potraga za mirom ta.

O braćo i sestre sve!
Nikada se ne plašite!
Kraj je tame došao sad
Sad je vreme i vreme je sad
Da se vratimo dušom u Ljubav.

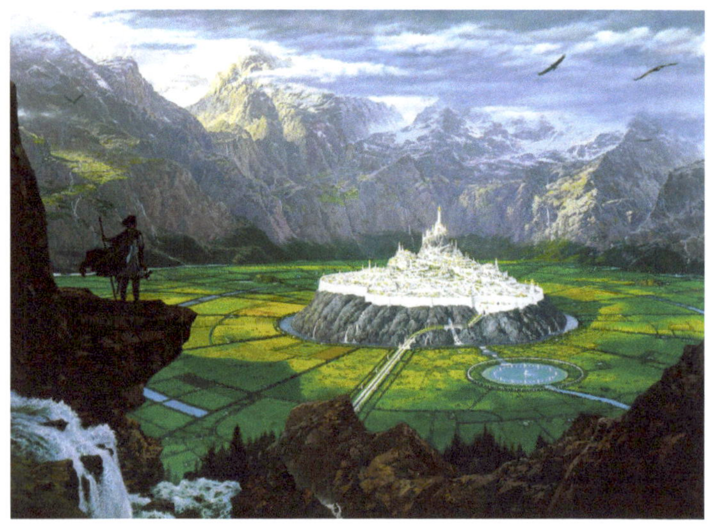

Ted Nasmith

Da li osećaš moju Ljubav?

O dete- dal` osećaš moju Ljubav?
Jednom bejah pitan ja…

U svemu što oko tebe je
U svemu što te okružuje?

U veličanstvu zvezdanog neba
I malenom listu Breze?
U jeseni što prolazi sveže…

Ja osećam tvoju Ljubav…
Sad…

I vidim očima duše svoje
Gde leži dom i živi srce moje.

U baštama tvojim pored vode žive
I drveta života,

Ja vidim tvoju Ljubav,
Jer Ljubav…si ti sveta.

Besednik

Hodi amo, ovde.
Besedit` ću o stvarima mnogim poj
O lepoti i kako pade
I tami i priči o njoj.

I duga priča ona biće
Jer reči su vazda slaba veza
Teško jeste naslikati slike
Skrojiti platno svih dela.

Ali samo hrabro!
Naoružaj sebe strpljenjem
I drži se odveć dobro
Jer tajne nam otkriva vreme.

Tajne koje plaše i draže
Tajne što mogu dušu otvorit` na pola
I one koje nežni melem jesu
Unutrašnjem srcu uvek bez bola.

I poče sve sa mišlju!
Veličanstva!
Ljubavi!
Svetla i mnogo toga.

I onda se raznese u zrake svetla i radosti čiste.
Talas što nosi sve!
Tok Ljubavi i svesne radosti
Kada doba počeše.

I mada se mnoge reči mogu reći
I mnogi pozvati ovde da govore
Ja neću puno pričati sada.
Jer šaljem ti svetu Ljubav.

I šaljem je sa svetlom!
Idi - pusti je u srce svoje.
Lepota će njena sada iznići
O mnogim stvarima tebi pevajući.

I hiljade reči sto treba da znaš...

Besednik biti velika je čast.
I znam da jesam blagosloven zbog toga.
Al ` jednu stvar što srce mi želi
Da ovu svetlost spremno deli - ovu Ljubav.

Jer slika vredi hiljadu reči!
A ja slikam Ljubavlju sad.

Zato spremi se
Da priču najdužu čuješ
Najdužu koja postoji sad
Jer je ona ovde i onde
Zauvek u našim srcima.

Tihi su putevi Gospoda

Tihi jesu putevi Gospoda
Jer on gradi kroz veličanstva!
Čuti ne možeš i videti - ne.

Zaista, to putevi jesu slave,
Iskra osvetljava srca naša
Da možemo videti, osetiti i čuti sve.

I teško se osećamo živeći ovde
Idući daleko i stižući nigde.
U borbi sa silnim morem…

Tim velikim morem moći
Što nas spusti nisko, niže
No što jesmo u istini.

O Bože moj, Bože moj!

Mogu li ti reći reč il` dve?
I prijateljima i drugim takođe?

Jer ja prolih neviđene suze
Za sestre i braću daleko il` bliže

A opet samo tišinu čujem…

Jer tihi jesu putevi Gospoda.
Jer on gradi kroz veličanstva!
Poslušajmo i počujmo svi,
O onome što dolazi
Svakom srcu što istinom kuca.

I neka vidimo!
Ljubav i slavu zajedno!

Jer tihi behu putevi Gospoda
Jer sad čujemo glas veličanstva!

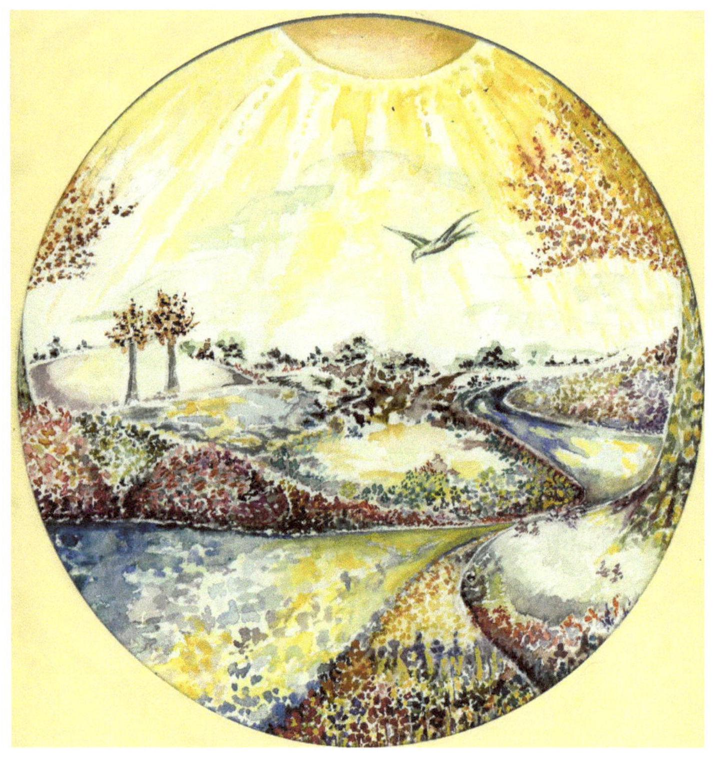

Inés de Castro

Blagosiljam

Blagosiljam dan kad videh ti oči
Blagosiljam vreme što imasmo zajedno
Vreme pre vremena
I Ljubav pre sveta.

Ovde sam sada da stvari sredim neke
Ali mi srce sa tobom zauvek ostade
Večno da stvara i voli
Ispuni svetlom, mirom i istinom bez boli.

Blagoslovljen dan kad Otac stajaše kraj mene
I raširene ruke svih u pesmi
Blagosiljam dan koji stoji pred nama
U svetlu, istini, Ljubavi.

Blagosloven budi

Davno u vremenima i dobima zaboravljenim sada
Stajah na brdu zelenom- i gledah ka zvezdama
Zanemeh jer preko mere je svake
Božansko u našim srcima.

Jer videh Božju ruku na delu!
Najlepša od svih hodaše Zemljom lepom
Blagoslovena Lutjena Tinuvjela
Koju volim…

Davno ja videh lepotu tu
I sa Ocem započeh jednu besedu.
I niko nam lica ne vide tada
Kako vežu lepotu, Ljubav.

I Otac mi reče o neviđenom što se buditi smera
Preko zemalja Svemira i divnih jezera.
O životu i toku Ljubavi
Gore i dole u neviđenoj dimenziji.

Ovde sam sada da govorim o Ljubavi.
Da vežem reči kao lepe pesme
Reči što Otac me nauči
O biserima nebeskim i dvorima Ljubavi.

I ko zna osim Oca gde ćemo ići svi
Sem ako ne otkrije svoju ljubav na naše grudi.
I zato ga blagosiljam zauvek!
I sve duše mile zanavek

Koje vidim kad god čujem pesme
Voljenih duša što hode u slavi
Na prelepim brdima dalekih zemalja
I ove Zemlje ispod naših stopa.

Blagosloven budi prijatelju stari
Jer te nađoh s` ostalima sad
Kako putuješ daleko
Kako stupaš hrabo.

Blagosloven budi i Ljubavi pun!
I nek ti Otac svetlosti da
Neka s`tobom i u tebi zauvek sja.
Sijaj i budi Ljubav!

Iznad magli

Šta je reka ako ne igra?
Šta je cvet ako se ne deli
I šta lepota ako je nevidljiva?

Na igralištu Božje Dece
Postoji samo Ljubav
I ništa sem života.

Čuo sam reči devojčice male
O lepoti slobodnoj
Uvek svežoj, uvek novoj.

I slika mi dođe kao Sunce svetla
Da nežnost je nova zora sveta
Mekani put srca.

I duše put svileni
Jer samo je jedan cilj:

Za stvarstvo celo
Da pevaju svi
O stvaranju iznad magli.

I šta je polje Ljiljana ako sam tu săm?
I šta je reka ako jedini u njoj plivam?
I šta je cvet ako ga samo mirišem ja?

Samo bez rama slika…
Pesma bez imena…
Hladan vetrić u zimskom danu.

I zato stoga plovim ja!
Preko neizmernih poljana života!
Al` uvek sa svetlom na licu.

Pružam ti ruku
Dajem ti srce sad
Gledaj ga k'o sebe, kao Boga.

Jer sveti su putevi Ljubavi.
Što uvek menjaju ode
Al` nikada se tuga ne ponavlja
Koju živesmo ovde.

I zato pevajmo sada mi!
Slavni novi početak- svi!
Života što jeste i koji će biti

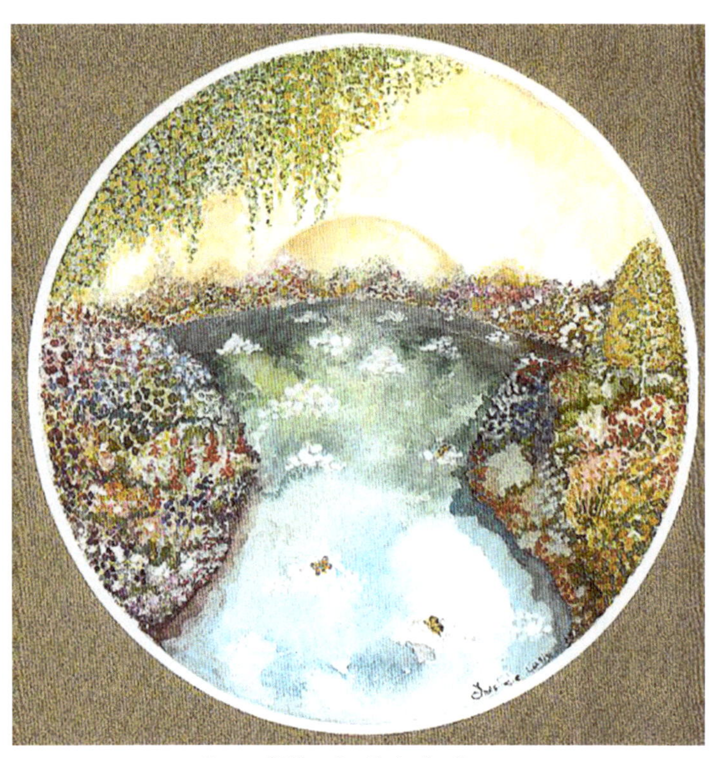

East of Eden, by Inés de Castro

Iz zaboravljenog sveta u večnost

Iz zaboravljenog sveta - u večnost
Stiže jasna rezonantnost.
Sveprisutna zauvek sva
Moć, zvuk, priča , boja.

Ali nežna kao vetrić
Koji u letnjoj noći Zvezda punoj duva…

I nema reči ljudskog jezika
što joj slavu opisati zna,
večito nemirna a puna mira sad.

Dah, moć, duša, Ljubav.

I neko će reći- pridruži se!
Mi stvaramo nove svetove!
Usmeri um na prostranstvo svemira
Traži i nađi sa našim srcima
I nove rase ljudi budi deo!

Ja stojim sam.

Al` nikada to nisam!
I pre no što misli o novom bejaše
U srcima, umovima kad zavladaše
Ja pevah pesmu o ljubavi i lepoti.

A Otac stajaše kraj mene sa osmehom
Tinuvjela s` leva ispunjena svetlom.
I onda se reči čuše jasno te,
"Idite i nova čuda stvarajte!"

Ovde me evo kako pevam sad!
Blagoslovljen o Oče koji si Ljubav!
Zauvek je sad!
Iz zaboravljenog sveta u večnost i Ljubav.

Bonus pesme & reč autora

Reših da predstavim pesme bez korekcije akcenata. Ovim predstavljam svim dragim ljudima mali uvid u to kako stvaram. Kada dodje nadahnuće, koristim šta mi je pri ruci da bih preneo pesmu u ovaj svet. Najčešće je to "pametni telefon" stoga direktno i nepatvoreno prenosim dodatnih sedam pesama kojih nema na Engleskom. Sve pesme ovde su pisane i stvarane na Engleskom a pošto sam ih ja stvarao, u duhu ih znam i verno sam ih preneo jer ovu knjigu prvo stvorih na drugom jeziku. Kada čovek udje voljom duha i ljubavi u druge dimenzije onda mu se otvara suština. Tako i kada se udje u suštinu drugih jezika, shvata se da su svi iz istog koren jezika potekli. Božjeg jezika.

Ovih sedam su stvorene na Srpskom i posvećene su jednoj duši koju volim.

Ali neka bi i one prenele vama onu čistu Ljubav i lepotu koje osećam prema njoj.

Ljubav je najvažnija energija...
Ljubav pobedjuje!

Milorad Maksimović
Beren Maximus

Ljubim te nezno
kao pero kad stane na dlan
I drzim cvrsto kao Sunce novi dan...

Sanjam te cesto al samo
da bi znao koje su boje
nezne usne tvoje kada si radosna...

Ostavi sve sto radis sad,
Podigni glavu I voli me ...
Samo je to vazno...

Mozda ce sutra kisa...
I vetar sa njom da jauce I stenje,
al nasa srca kucaju snazno...

Ljubim te duso svetla
u tvojoj kosi se igra skrila,
u tvome srcu pesma mila...

U meni boje koje prelivaju...

Spavaj mi nezno
I putuj snovima
oseti kako vetric ti
lice miluje...

Slike u umu su sve vece,
miris I boje cvetova rosnih
secaju na dom...
Dalekih reka I brda ton...

Reci su ono sto ostaje,
slike I zvuci negde u dusi,
pesma koja nikad ne prestaje,
koja kaze - Bozja ti budi.

Cekam te.
Na granici sna I jave.
Gde Sunce sija srebrno I jako
Gde ljudi mi vise nismo.

Vec duse Bozje sto slobodu zive
u vecnoj igri radosno.
Danas smo jedno a sutra drugo
Noseci svetlo, ljubav I moc.

Ne boj se.
Nista nam ne mogu sene ove
sto prete I gmizu nocnim satom
sto dahcu tesko svima za vratom.

U tren I u cas
kad ljubav radosno zasija
nestaje strah I tama
Radja se mir, nova stihija.

Cekam te.
Da opet sanjamo javu I zivimo sne
Sa one strane srebrnog stakla
I zivota naseg zavese.

Cekajuci vetrove da kazu nam tajne,
sveta oko nas I svega sto biva
mi cekamo sutra I vesti sjajne,
I radosti pehar da srce celiva.

Sputani, sami na ovom svetu.
Jos samo misao nasa daleko leti...
...daleko I hrabro ko ptica u letu
iznad neba nada sto krepi.

Ko smo mi, ti I ja u beskraju?
Dve duse a jedna celina.
Od Boga rodjeni u prvom raju
pre no sto Adam Evu celiva...

I sami nismo, ne.
Vec nas igra I radost ponese,
zivotu I telu da smisao bude,
iskustva Bozjeg kroz nas- ljude.

Sta mi znaci covek biti?
Pita se srce moje...
Kad iskra sam Bozja
I sve sto pozelim, to je...

...sve ono sto jesam I biram biti,
slobodan duh bozji I dusa sto kiti,
sve sto stoji pred Tvorcem sada,
bojama zivim, gde svetlo vlada.

Al' covek biti, Bozji je poziv.
Svetionici, I neugasli plam,
gde god da pogled I misao bace,
Oni zive za ljubav, stvaraju dan.

I tela nosimo mi, odezde nase.
Muske I zenske , darove Bozje.
Da svako po daru sto ima
obasja zivot I pesme stare.

I zato ljubim u tebi Boga.
Jer vidim mu ruke I misli lepotu,
kada davno stvarase tebe
Da nogom krocis po ovom svetu.

Srce cuvaj jer zivota izvor
u njemu lezi.
U dusi pevaj jer onda stvaras
sve cemu bice tvoje tezi.

Tiho stoji dusa jedna
ispred slike boljeg sutra.
Kamo misli kamo sreca
da donese sveza jutra...

I lagano odlazi...

Stoji a leti u sebi daleko...
Prica sa Bogom njenim pravim
glasom.
Ona je srecna. Ona zivi.

I vec plovi nebeskim prostranstvom...

Gledam je izdaleka...
Osecam dvojbu I mir.
Zajedno u srcu bonaca I grom
Vetrovi burni I tihi dom...

Ona se pita...

"Gospode reci mi gde sada?
Kome srce verovati sme
u ovo vreme jada?"

I glasa usi ne cuju njene.
Ne haje.
Uprla pogled duboko unutra
da cuje neznog srca vapaje.

Ona je sama.

"Kceri moja, drzi se mene I nista se ne boj"
Bi glas cujni necujni...
Gospod resi da blagoslov pusti.

Ne cekaj da sutra dodje tebi
vec stvaraj ga sad,
dok nada je mlada
I u srcu zar...

Ne videh osmeh I ne cuh joj glas.
Nemoram.
Ja dusu joj znam.
Pre neg zemlja u svemiru posta...

Sjajna je dusa njena.

Ljubim te ,
usne mi gore kad diram te.
Cekam na tren koji vecno traje
kada volim te.

I dusa je moja tiha pred Bogom,
nista ne trebam u zivotu ovom
do ljubavi malo na dlanu Bozjem,
Svemir ona pokrece u meni...

Draga cime mi to slikamo nebo?
Cini se mnogim bojama...
a ono samo jedna je prava,
Ona je sve sto sada kazu nase duse.

O umetnicima

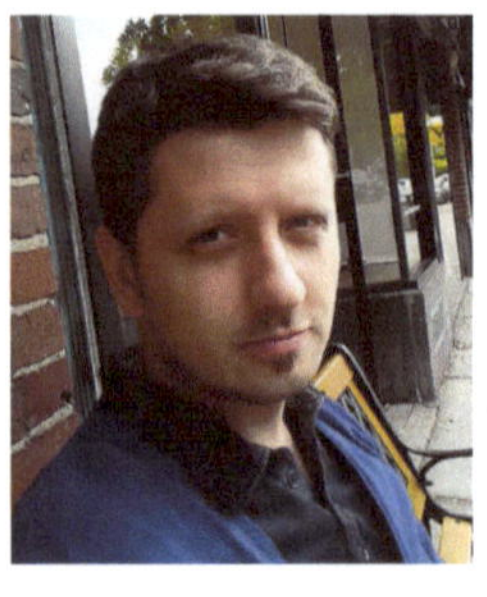

Beren Maximus je pseudonim **Milorada Maksimovića**. Rodjen u Beogradu -Srbija, počeo je stvarati poeziju veoma rano, prvo na Srpskom i kasnije na Engleskom. "Bljesci svetla i ja koji putujem kroz nepoznato kvantno morfogenetsko polje iskustava, hvatajući fraze, izraze, oblike ,boje...i...stvari...Da bi ih sproveo u reči koje potom postaju pesme."

"Božanska lepota je bila i sada jeste tu za sve da je vide i osete. Jedan brzi pokret preko tvojih očiju i Voila! Ovde je! Tvoje lično blago. Tvoj sopstveni život i Ljubav. "

Ja živim umetnost kroz sve načine i uživam u njoj u svim njenim oblicima. Nadam se da će moja umetnost dodirnuti srca i nadahnuti duše da pronadju njihovo sopstveno blago i iznesu ga na svetlo dana!

Milorad sada živi i radi u Masačusetsu, SAD. Njegov websajt i blog se mogu naci na: www.fromforgottenworld.com

www.facebook.com/FromForgottenWorldIntoEternity/

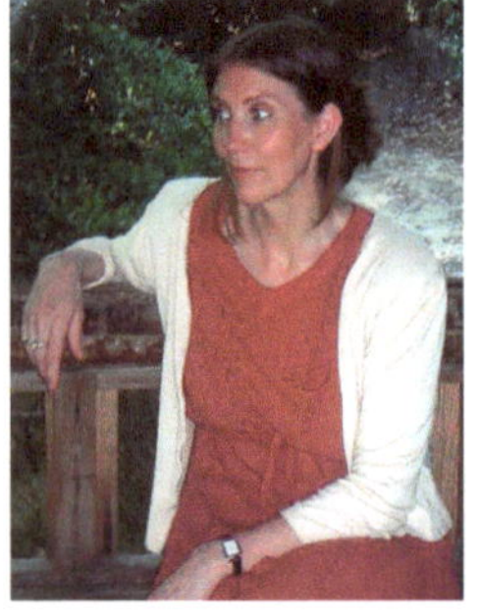

Ines De Castro je umetnica iz Belgije rodjena u Gentu 1954 godine. Ona ponekad slika pod imenom "Mudra"

Još od ranog detinjstva ona bi provodila vreme razmišljajući u raznim baštama i poljima mirno sedeći, primajući šapate prirode.

Njena umetnost odslikava mir koji je ona pronašla u tim trenucima duboke povezanosti sa Svetošću izvan reči.

Dok je gledala u jednu od njenih slika, njena ćerka Laura je tada izrazila želju da udje u njih i istraži taj svet divnih pejzaža, začarane zemlje, pečuraka, leptira, ptica... "Kako čudesno! Njene nevine oči su razumele na prvi pogled ove slike u krugu koje sam slikala, da su one vidikovci koji nas sve pozivaju da provirimo i gledamo u taj drugi svet, taj zaboravljeni svet..."

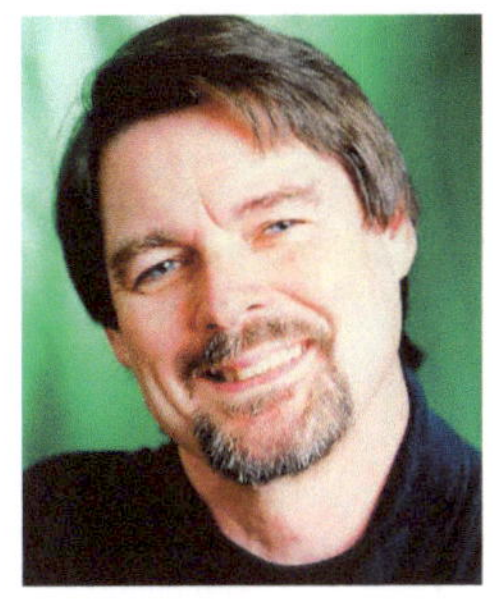

Ted Nasmith je umetnik iz Kanade, ilustrator i bivši arhitektonski interpreter.

On je najpoznatiji po tome što je ilustrator Tolkinovih dela- Hobit, Gospodar Prstenova i Silmarilion. Nasmith je rodjen sredinom 50 ih godina u gradu Goderich, Ontario , Canada.

Bejavši sin Kraljevskog Kanadskog Vazduhoplovno elektronskog tehničara, Nasmithov rani život je značio čestu selidbu zbog njegovog oca i njegovog posla u Kanadskoj vojsci. Njegova porodica i prijatelji su ga ohrabrili da pohadja srednju školu koja je imala tečaj u komercijalnoj umetnosti. Tokom treće godine škole, njegova sestra ga je uvela u svet Gospodara Prstenova i to je ubrzo postala velika inspiracija i nadahnuće i fokus u njegovom životu.

Nasmith piše:"Probudila je u meni uspavanu ljubav prema izgubljenim i mističnim vremenima, mitovima i legendama. Sve od detinjstva ja nisam osetio takav osećaj "doma" potpuno nesvestan posledica nadolazećih godina na taj vremenski razmak od detinjstva do zrelog doba. Odmah sam slikao i crtao scene iz ovog magičnog sveta, nadahnut njime, postavši potpuno udubljen mnogo sati kad sam to radio." (Nasmith 2002).

U skorašnjim godinama Nasmith je radio ilustracije za bestseler "Igra Prestola" George R.R. Martina. "Led i Vatra" i time nastavlja svoj rad kao ilustrator fantastike.

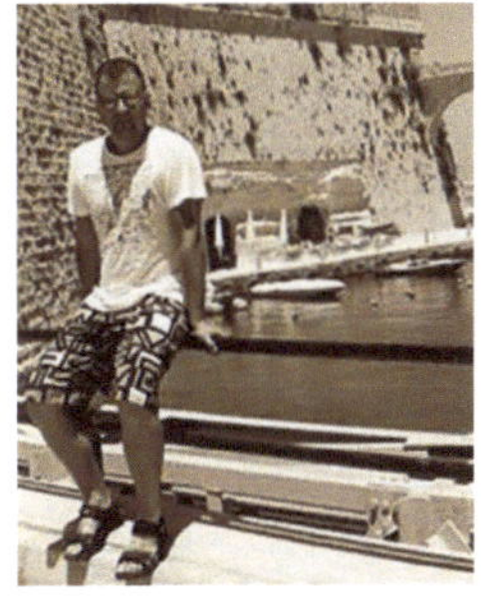

Dalibor Zlatković je poreklom iz Vlasotinca, Srbija. Još od rane mladosti je pokazao veliko interesovanje za umetnost. Nadahnut mnogim poznatim umetnicima, stvorio je jedinstven izraz svoje umetnosti kao medijum, koji je mnogostruko i obuhvatno delujući obrazac koji pomaže ljudskoj duši da preživi u ovom dobu.

Bez obzira na to što je završio fakultet Politehnike u Beogradu kao grafički dizajner, on ostaje veoma zainteresovan za slikanje i fotografiju.

Spisak ilustracija

www.ingramcontent.com/pod-product-compliance
Lightning Source LLC
LaVergne TN
LVHW052307100826
845147LV00006B/690
9780990750437